20个必学象形图字 - 3
习字及著色本

20 Must-learn Pictographic Simplified Chinese Workbook

3

Coloring, Handwriting, Pinyin

白雲

20 Must-Learn Pictographic Simplified Chinese Workbook 3
Coloring, Handwriting, Pinyin

Illustrated by Chris Huang
Edited by Iris Chiou
Proof Read by Ling-tien Chung
Published by Cloud Chinese
All copyrights © by Chuming Huang
Inside 44 pages Black & White
Paperback Color with Matte finished
Printed in US
ISBN 13 : 978-1-954729-94-0
Reference ID: 001
Language: : Chinese
Publication Date: 2021, March, 7th

Cloud Chinese, Wilmette, IL 60091
www.mycloudchinese.com
myeasyshows@gmail.com

TABLE OF CONTENTS

CLOUD

云 yún

yún

bái   yún

白 云

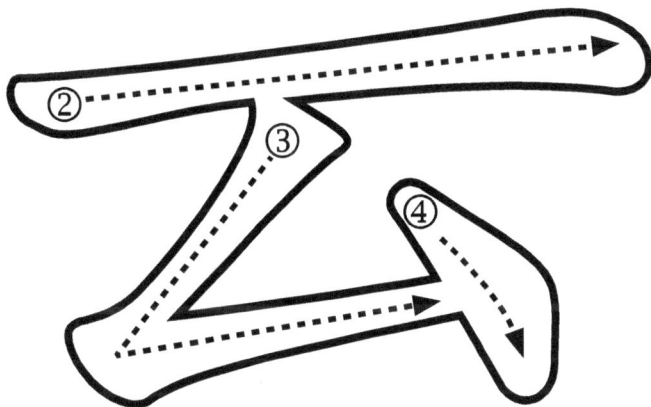

yún	yún	yún	yún	
一	二	云	云	

FLOWER

花 huā

xiǎo huā

小花

huā

huā	huā	huā	huā	huā
丶	十	十	艹	艹

huā	huā	huā		
艹	花	花		

RAIN

雨 yǔ

xià   yǔ

下雨

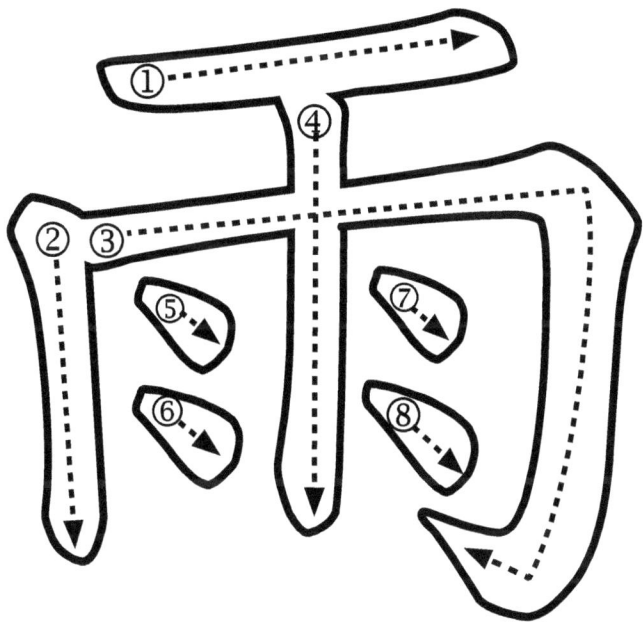

yǔ	yǔ	yǔ	yǔ	yǔ
一	一	一	雨	雨

yǔ	yǔ	yǔ		
雨	雨	雨		

WHITE

白 bái

bái xuě

白雪

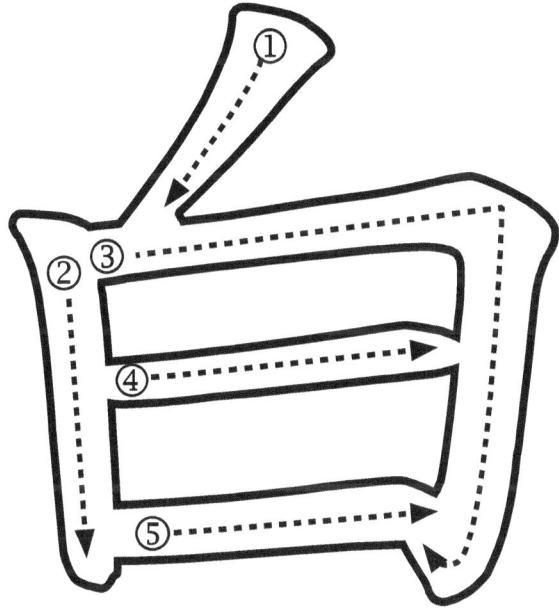

ノ 亻 白 白 白

MANY

多

duō

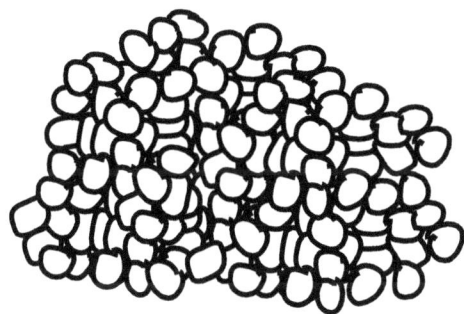

duō

hěn duō

很 多

duō	duō	duō	duō	duō
ノ	夕	多	多	多
duō				
多				

LESS, MISSING

少

shǎo

shǎo

shǎo　le

少了

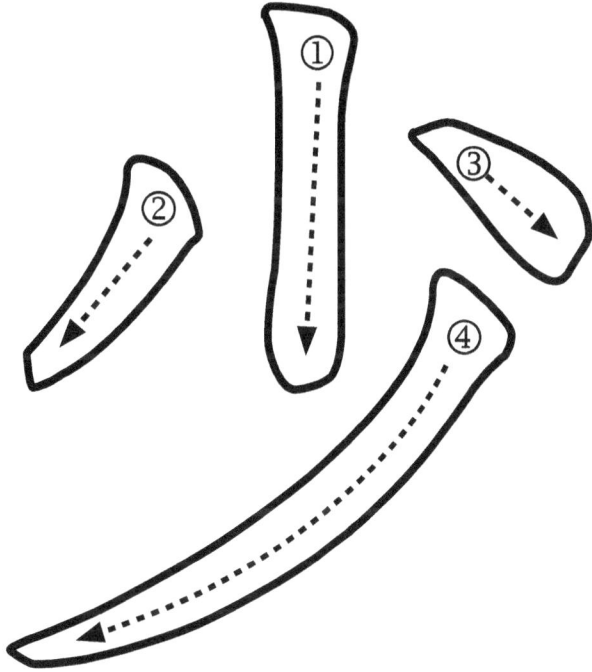

shǎo　shǎo　shǎo　shǎo

丨　刂　小　少

OF

的 de

wǒ　de

我 的

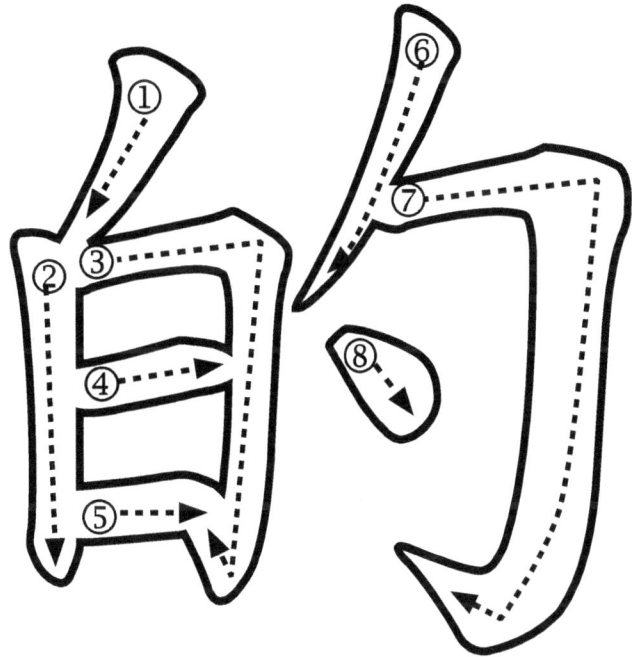

de	de	de	de	de
′	亻	白	白	白
de	de	de		
白	的	的		

STONE

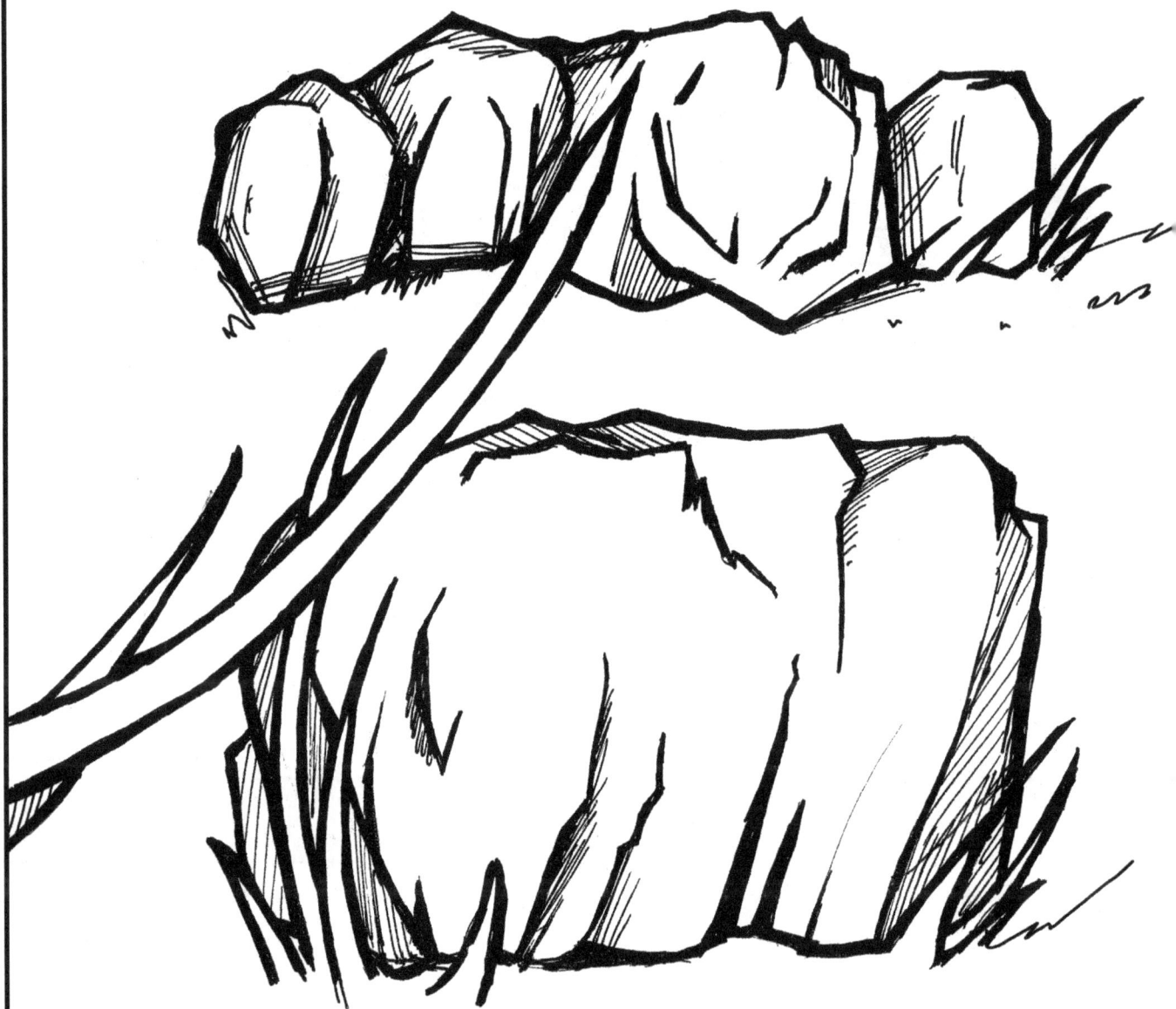

石 shí

shí

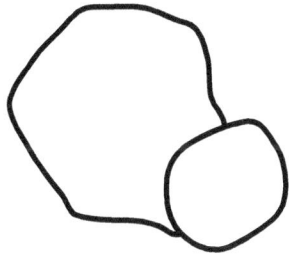

shí tou

石头

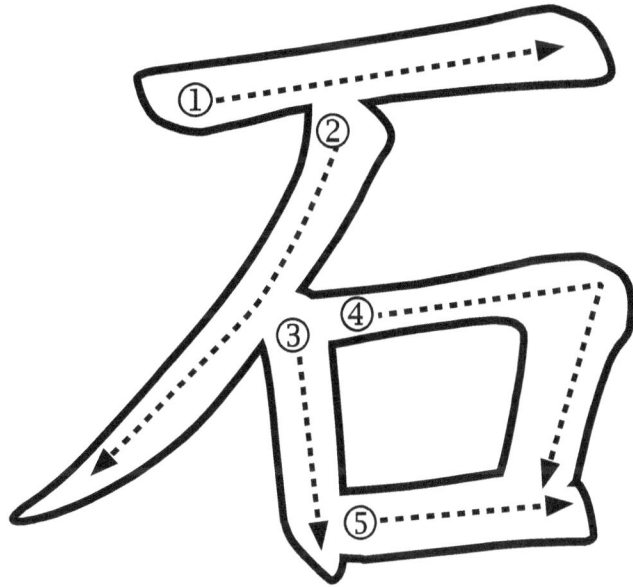

shí	shí	shí	shí	shí
一	丆	不	石	石

WIND

风 fēng

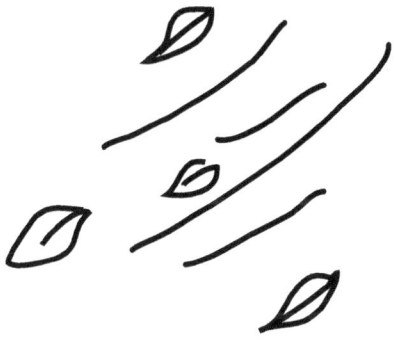

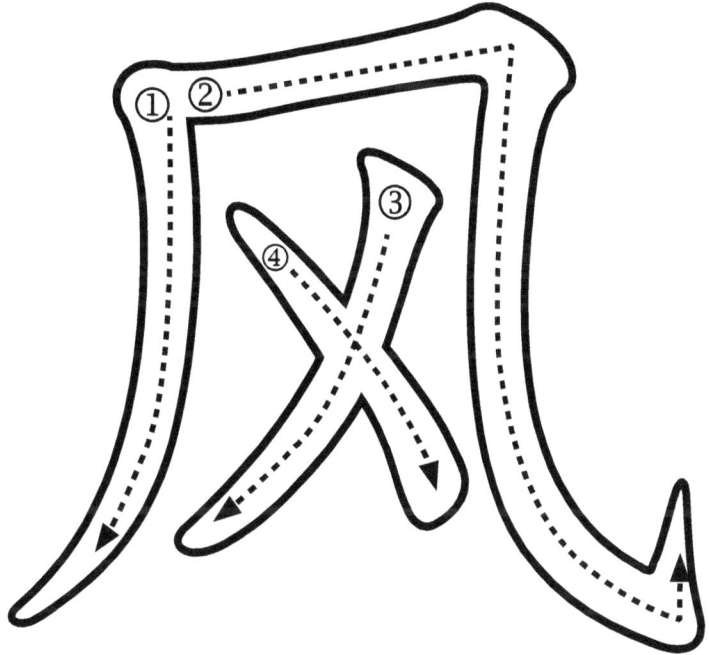

dà　fēng　chuī

大风吹

①②③④

fēng　　fēng　　fēng　　fēng

丿　几　风　风

SAND

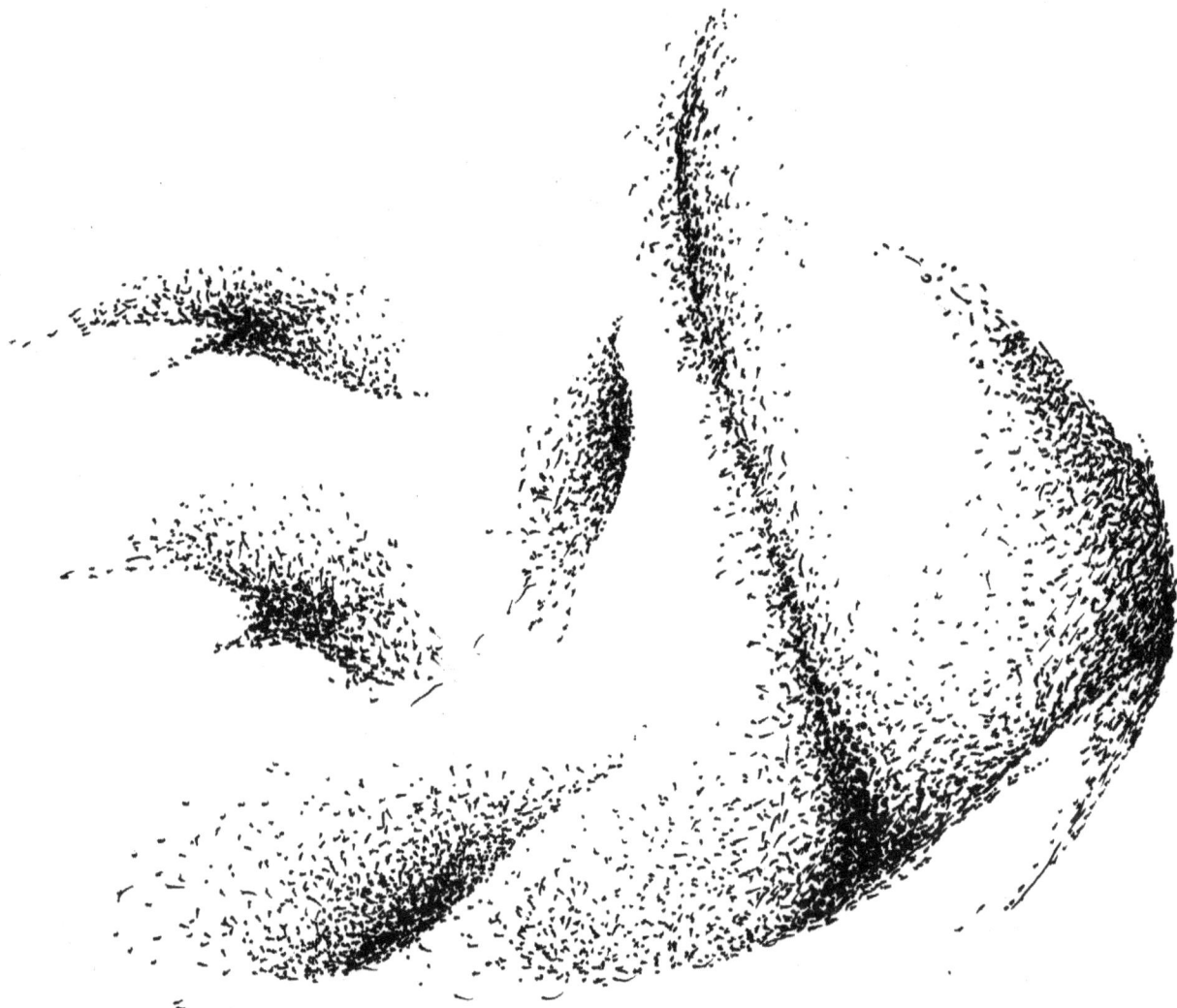

沙 shā

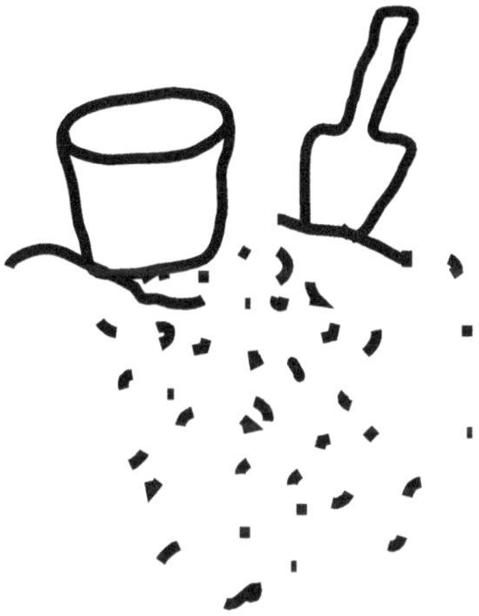

shā zi
沙子

shā

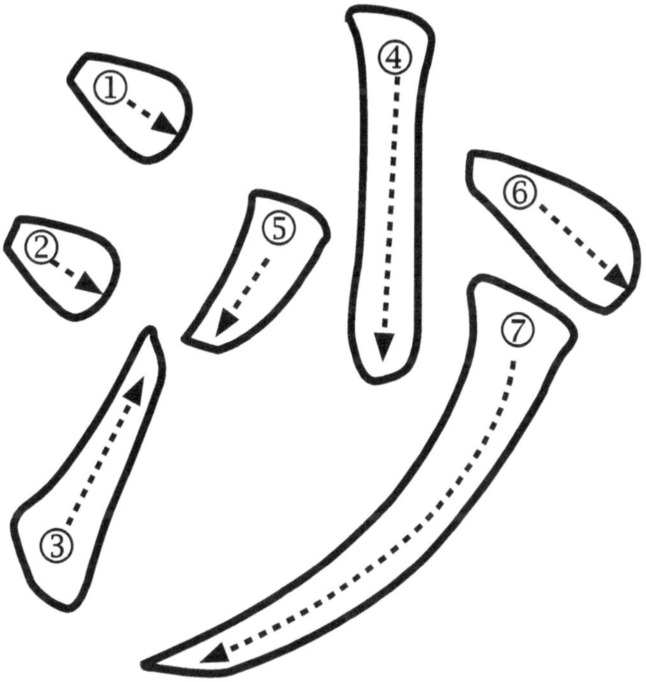

shā	shā	shā	shā	shā
shā	shā			

BRIGHT

明 míng

míng

míng   tiān

明 天

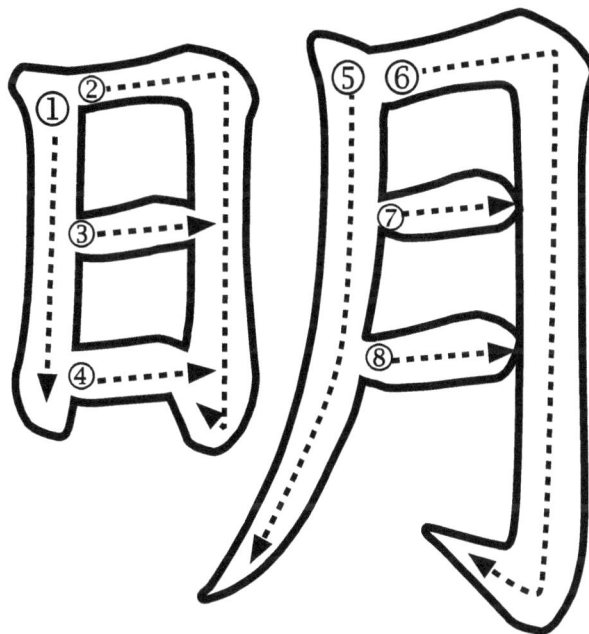

míng	míng	míng	míng	míng
丨	冂	月	日	日刀
míng	míng	míng		
日刀	明	明		

CHILD

子 zǐ

xiǎo hái zi

小孩子

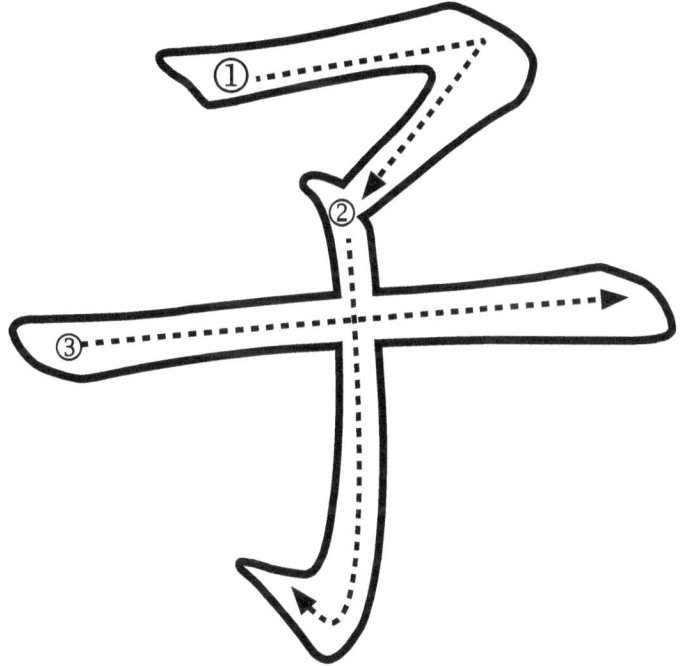

zǐ	zǐ	zǐ		
	了			

FOOT

足

zú

zú　qiú
足球

zú	zú	zú	zú	zú
丨	冂	口	罒	罒
zú	zú			
足	足			

PLAY

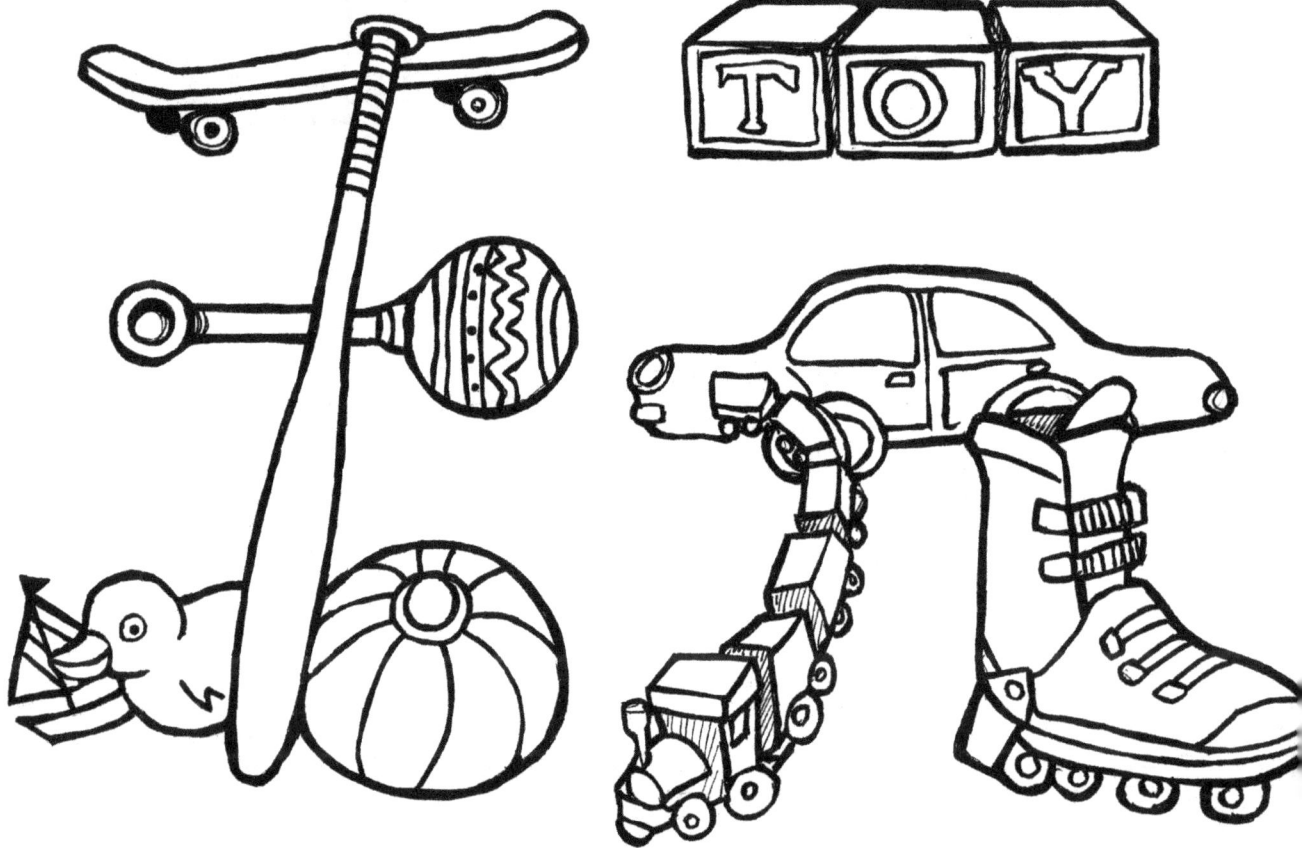

玩 wán

wán jù

玩具

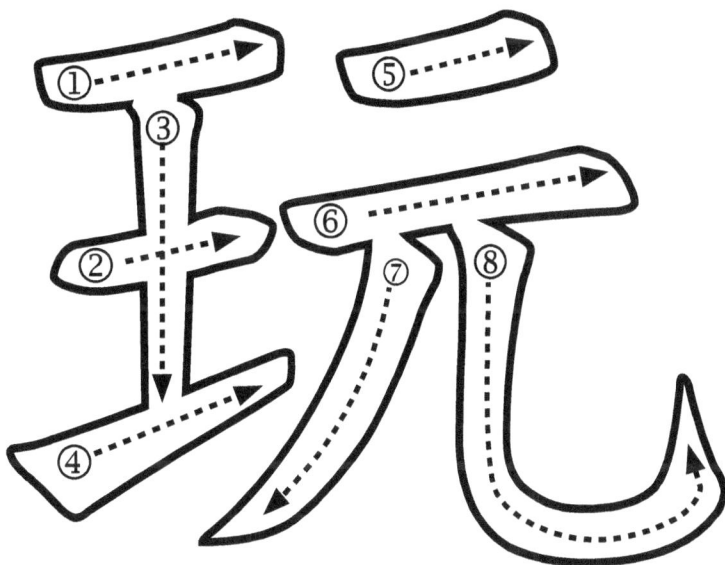

wán	wán	wán	wán	wán
一	二	干	王	王

wán	wán	wán		
王	玩	玩		

PEOPLE

人

rén

hěn duō rén

很 多 人

rén

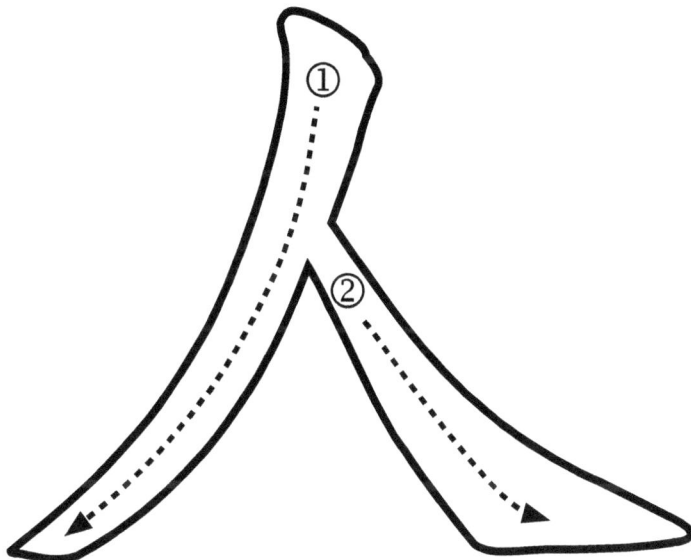

rén

COME

来 lái

guò　lái
过　来

lái

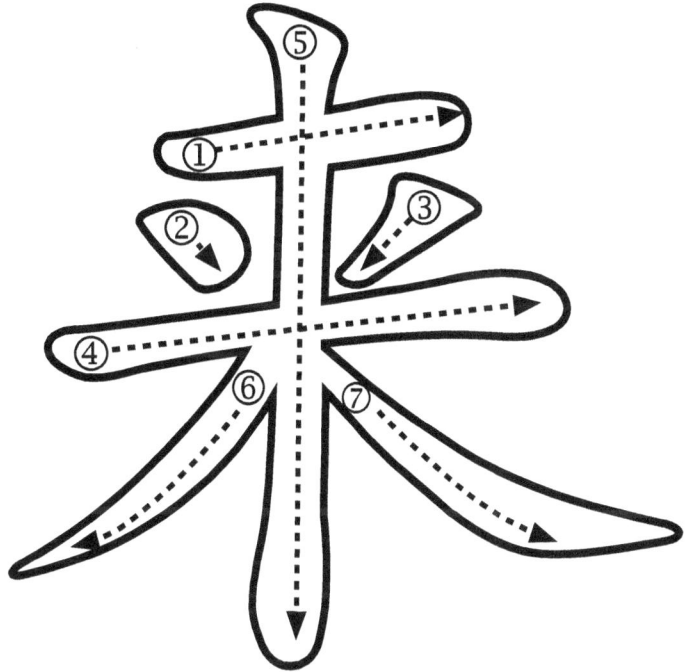

lái	lái	lái	lái	lái
一	一	一	三	丰
lái	lái			
来	来			

RICE

米 mǐ

mǐ

mǐ fàn
米饭

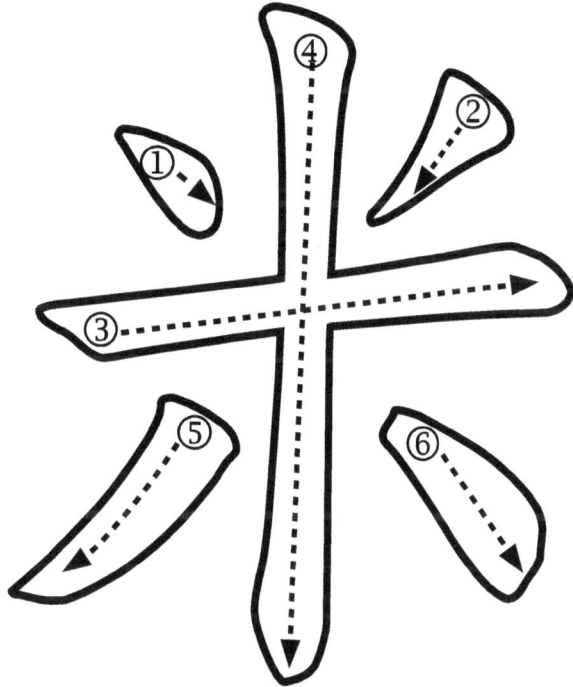

mǐ	mǐ	mǐ	mǐ	mǐ
丶	丷	兰	半	米
mǐ				
米				

FIELD

田 tián

tián　　dì

田地

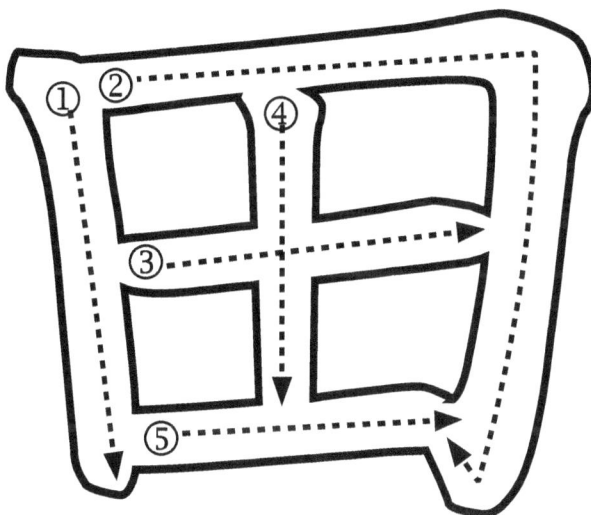

tián	tián	tián	tián	tián
丨	冂	冂	冉	田

YES

是

shì

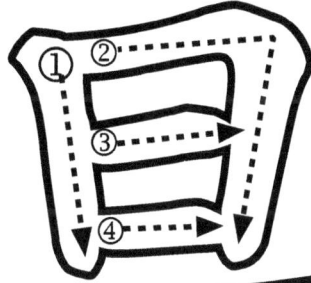
YES

shì   de

是 的

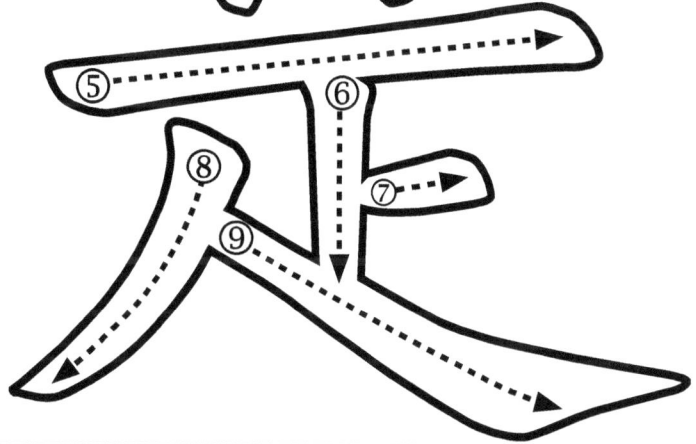

shì	shì	shì	shì	shì
丨	冂	冃	日	旦
shì	shì	shì	shì	
早	早	昰	是	

NO, NOT

没 méi

méi yǒu

没有

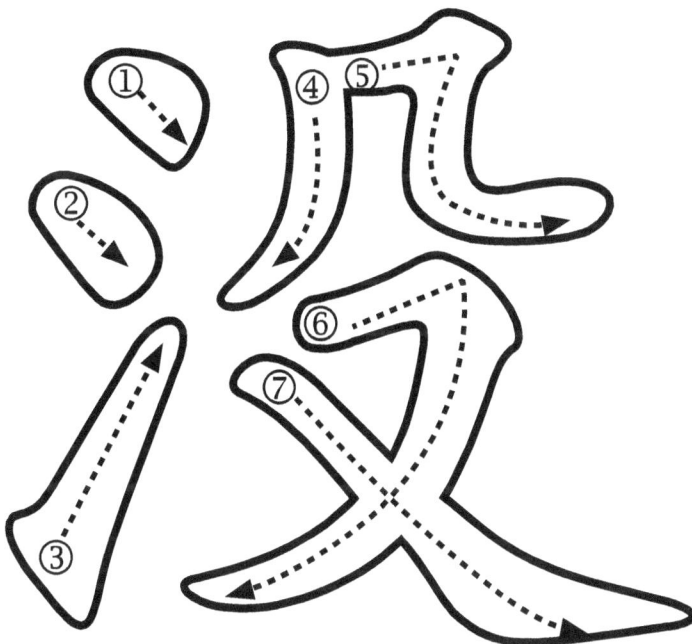

méi	méi	méi	méi	méi
丶	冫	氵	氵	沉
méi	méi			
沒	沒			

www.ingramcontent.com/pod-product-compliance
Lightning Source LLC
Chambersburg PA
CBHW081520020426
42331CB00027B/3278